E F T

Nyckeln till **verklig** frihet

Susanne Nilsjö

EFT

Nyckeln till *verklig* frihet

BoD

Tidigare utgivna böcker av Susanne Nilsjö

EFT - Nyckeln till verklig frihet, BoD 2012
Nya EFT-boken, Bod 2016

Omslag: Amanda Brundin
Foto: "Hand" av Darío Badagnani
Foto: "Handstående" av Melodi T
Foto: "Hoppande par" av Sanja Gjenero

Andra upplagan

Tryck och förlag: BoD

ISBN: 978 91 7699 159 6

Bokens innehåll

Ansvarsfriskrivning

Innehållet i denna bok är endast avsett för utbildning och information och inte menat att ersätta medicinsk eller psykologisk rådgivning och/eller behandling. Behandlande läkare bör alltid rådfrågas innan man påbörjar någon form av alternativ behandling (inklusive EFT).

Alla användare av EFT förväntas ta fullt ansvar för sitt eget välbefinnande, före, under och efter användandet av EFT och att inte, på egen hand ge sig in på områden som man inte behärskar.

Den som väljer att läsa denna bok och använda informationen i den godkänner ovanstående och är införstådd med att författaren inte på något vis ansvarar för andras användande av EFT.

De exempel som förekommer i boken är författarens egna och instruktionerna skiljer sig något från Gary Craig's ursprungliga manual.

Tack!

Jag vill rikta ett stort tack till Gary Craig, Ingenjören från Stanford och grundaren av EFT (Emotional Freedom Techniques) som delat med sig av sin unika metod till resten av världen.

EFT bygger på teorin om att 85 procent av våra sjukdomar beror på känslomässiga orsaker och att alla negativa känslor beror på störningar i kroppens energisystem. Gary Craig utvecklade EFT, en effektiv självhjälpsmetod, för att ta bort dessa störningar.

EFT har liknats vid "akupunktur utan nålar" och metoden innebär att man knackar på en serie utvalda akupunkturpunkter, samtidigt som man fokuserar på det aktuella problemet. På så vis kan man "knacka bort" de störningar och blockeringar som uppstått i kroppen.

Min egen erfarenhet är att EFT förändrar livet till det bättre. För mig har det inneburit en högre livskvalitet eftersom min dagliga användning av EFT har gjort mig piggare, gladare och friskare. Min getingskräck har försvunnit, liksom de flesta av mina rädslor och plötsligt känns det mesta möjligt och ingenting längre omöjligt.

Jag skrev den här boken (efter att ha knackat bort min prestationsångest) för att jag vill vara med och sprida kunskapen om EFT. Det är inte en komplett manual, utan en kortfattad "kom-igång-guide" som på ett enkelt sätt lär ut grunderna i EFT.

Jag vill tillägga att de exempel som förekommer i boken är mina egna och att instruktionerna kan skilja sig något från Gary Craig´s ursprungliga manual. Jag kan inte heller med 100 % säkerhet, garantera att boken inte innehåller några fel.

Med allt detta sagt, så hoppas jag att så många som möjligt ska ta chansen att upptäcka vilket fantastiskt verktyg EFT är och få möjlighet att uppleva den härliga känslan när rädslorna försvinner: Känslan av *verklig* frihet.

Varmt lycka till!

Susanne

Varför EFT?

Det är en effektiv metod som ofta hjälper där inget annat hjälper och den är smärtfri och enkel att använda. Bara genom att knacka på ett antal utvalda akupunkturpunkter så kan det vara möjligt att lindra allt ifrån godissug till scenskräck. Helt och hållet på egen hand.

Gary Craig själv uppmuntrar till att man prövar EFT på "allt" och jag instämmer: Experimentera och prova dig fram, använd det till "allt möjligt", både till fysiska och känslomässiga obehag, när de dyker upp i vardagen.

Exempel på situationer där EFT kan vara till stor hjälp:

- Fobier, rädslor och trauman av olika slag

- Oro, ångest, skuldkänslor och sorg

- Ilska, avundsjuka och depression

- Sömnsvårigheter och mardrömmar

- Stress, relationsproblem och beslutsångest

- Huvudvärk och andra smärttillstånd

- För bättre prestationer inom idrott, yrkesliv och studier etc.

9

Hur fungerar EFT?

Gary Craig säger: "Orsaken till alla negativa känslor är en störning i kroppens energisystem". Med det menas att alla negativa känslor, oavsett vad de handlar om, beror på samma sak: Att en tidigare händelse har skapat en störning, eller blockering, någonstans i kroppen.

Störningen, eller blockeringen, uppkommer då minnet av det som hände, lagras någonstans längs de meridianer som löper längs båda sidor av kroppen. Det lagrade minnet orsakar en störning i energisystemet, i det undermedvetna, och hindrar oss från att "gå vidare".

Varje känsla är förknippad med ett specifikt organ och det är oftast det organet som påverkas av den specifika känslan (se motstående sida).

Genom att knacka på, eller massera de akupunkturpunkter/meridianer som är kopplade till de här organen, samtidigt som man fokuserar på den negativa händelsen, så bryter man blockeringen och störningen försvinner.

Många beskriver den här känslan som att symptomen helt enkelt "smälter bort" och att en känsla av lugn brukar infinna sig.

Organförteckning

Känsla	Organ	EFT-punkt
Övergivenhet, chock	*Tunntarmen*	Karatepunkten
Försagdhet	*Urinblåsan*	Ögonbrynets början
Depression, bitterhet	*Gallblåsan*	Sidan av ögat
Förtvivlan	*Magen*	Under ögat
Rädsla	*Njurarna*	Under nyckelbenet
Bristande själv-känsla, oro	*Bukspottskörteln*	Under armen
Ilska	*Levern*	Under bröstet
Sorg	*Lungorna*	Tummen
Stagnation	*Tjocktarmen*	Pekfingret
Ledsenhet, chock	*Hjärtat*	Lillfingret
Förvirring	*Sköldkörteln*	Gamutpunkten

EFT – steg för steg

Detta är en kortfattad beskrivning av de moment som ingår i EFT. Utförligare beskrivningar med bilder och instruktioner börjar på nästa uppslag.

- Man börjar med att gradera känslan av obehag enligt en skala 0-10. Detta kallas för **SUD** (**S**ubjective **U**nit of **D**istress) och betyder ungefär *"Subjektivt Upplevt Obehag"*.

- Därefter skapar man en mening där man beskriver känslan/obehaget med egna ord. Den här meningen kommer att användas till en **Setup-fras** (sid 19) och till en **Påminnelsefras** (sid 20).

- En **Setup** innebär att man uttalar sin **Setup-fras** högt tre gånger, samtidigt som man knackar på Karatepunkten (sid 19).

- Sedan är det dags för den första **Sekvensen** (knackrundan). Då knackar man på akupunktur-punkterna i en förutbestämd ordning, samtidig som man uttalar **Påminnelsefrasen** (sid 20).

- **9 Gamut** heter en övning som ingår i första **Sekvensen** (sid 37). Denna övning balanserar högra och vänstra hjärnhalvan.

- Andra **Sekvensen** (knackrundan), genomförs på samma sätt som den första Sekvensen, bortsett från att man hoppar över 9 Gamut (sid 38).

- Efter de två Sekvenserna så gör man en ny **SUD**, det vill säga: Graderar känslan/obehaget på nytt.

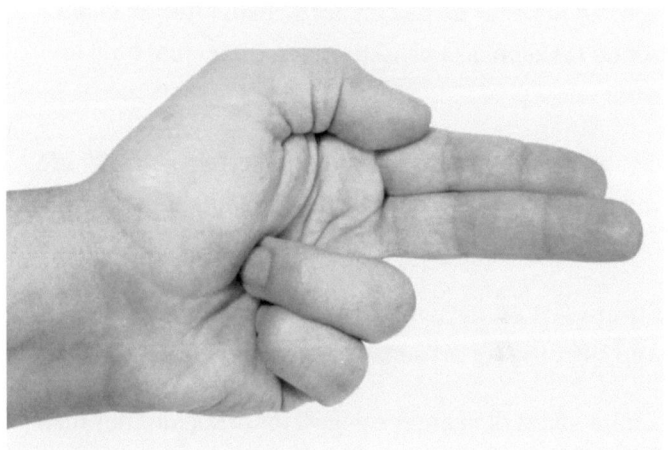

Gradera obehaget (göra en SUD)

Anledningen till att man gör en **SUD** innan man börjar "knacka" är att de negativa känslorna har en tendens att försvinna. Om man inte har något att jämföra med då, så kan det vara svårt att mäta sina framsteg.

Man graderar det upplevda obehaget enligt en skala 0-10, där 0=inget obehag alls och 10=värsta tänkbara obehag.

Om du till exempel lider av migrän, som ofta kan kännas som en nia eller tia på den här skalan: Efter en knackrunda (**Sekvens**) så kanske smärtan har sjunkit till en sjua.

Det gör fortfarande rejält ont, men eftersom du graderade smärtan innan du började behandla den, så vet du att den faktiskt har minskat.

Ett bra sätt att hålla reda på mätningarna är att skriva upp siffrorna för att sedan kunna följa framstegen.

Spara gärna dina anteckningar, för ofta glömmer man bort att man haft ont eller varit rädd för något speciellt. Det brukar kännas bra att se när man har gjort framsteg!

SUD (Subjektivt Upplevt Obehag)

10   Starkast möjliga obehag/smärta/ilska/stress/rädsla

92

8

7

6

5   Måttligt men ändå besvärande obehag/smärta/
        ilska/stress/rädsla

4

3

2

1

0   Inget eller obefintligt obehag/smärta/ilska/stress/
        smärta/ilska/stress/rädsla

Skapa en Setup-fras

När du har graderat obehaget, vi tar huvudvärk som exempel, så är det nu dags att skapa en **Setup-fras**. Vi säger att huvudvärken är en nia på skalan 0-10. Den är jättejobbig och det dunkar i huvudet. Du kanske beskriver huvudvärken så här:

"Den här dunkande huvudvärken".

För att kunna användas som **Setup-fras** så måste din mening (beskrivning av känslan/smärtan) omslutas av följande ord:

"**Fastän** .... (*din beskrivning av känslan/smärtan*) ... **så accepterar jag mig själv helt och hållet**".

Setup-frasen kommer alltså att låta så här:

"**Fastän** jag har den här dunkande huvudvärken **så accepterar jag mig själv helt och hållet**".

Det är viktigt att du beskriver problemet med dina egna ord. Om du brukar svära när du beskriver din huvudvärk för någon, då kan du göra det nu med. Då kan Setup-frasen låta så här:

"**Fastän** jag har den här dunkande, dj ... a huvudvärken **så accepterar jag mig själv helt och hållet**".

Ju mer äkthet och inlevelse du har i dina beskrivningar, desto snabbare och bättre resultat kommer du att få.

Anledningen till att man bäddar in meningen i "**Fastän** .... **så accepterar jag mig själv helt och hållet**" är att man på så vis skapar en förlåtande attityd. Du har det här problemet, men du *anklagar* inte dig själv för det. Tvärtom så *accepterar* du dig själv, trots att något har orsakat en störning i ditt energisystem, som gör att du mår dåligt just nu.

Att anklaga dig själv för något du inte rår för skapar bara nya störningar.

I början kan det vara svårt att hitta rätt ord för att beskriva det man känner, då kanske man kan ta hjälp av följande **Setup-fras**:

"**Fastän** jag har svårt att beskriva känslan/smärtan/ rädslan **så accepterar jag mig själv helt och hållet**".

Kanske känns det fel att säga att du accepterar dig själv helt och hållet, för att du faktiskt inte gör det, pröva då i stället med:

"**Fastän** (*din beskrivning av problemet*) **så _försöker_ jag att acceptera mig själv helt och hållet**".

Eller:

"**Fastän** jag har svårt att acceptera mig själv **_så är jag helt ok ändå_**".

17

Kanske känns det bättre att säga:

"**Fastän** (*din beskrivning av problemet*) **så *älskar jag/tycker jag om mig själv* precis som jag är**".

Eller:

"**Fastän jag *inte kan acceptera att jag*** (*din beskrivning av problemet*) **så *förlåter jag mig själv***".

Det viktiga är att det är ett positivt uttalande om dig själv och att det känns uppriktigt när du säger det.

Setup

När du har gjort en **SUD** – d v s graderat problemet på skalan 1-10 så är det dags för din **Setup.**

Punkten som man använder när man gör en **Setup** kallas **Karatepunkten** och den hittar du på sidan av handen, mittemellan lillfingrets början och handledens början, där handen är som tjockast. (*Se bilden nedan.*)

Knacka på Karatepunkten, samtidigt som du uttalar din **Setup-fras**. Upprepa hela frasen *tre* gånger.

"Fastän ...

... (din beskrivning av problemet) ...

... så accepterar jag mig själv helt och hållet"

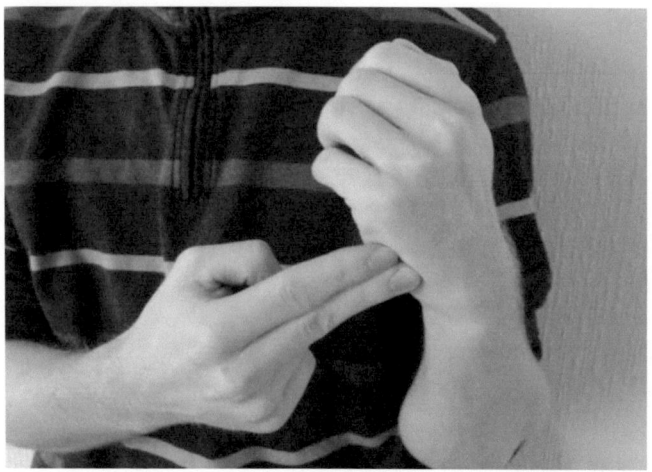

Första Sekvensen

Nu har du kommit till själva "knackrundan" och på följande sidor visas bilder på punkterna som du ska knacka på.

Knacka inte så hårt att det gör ont, (det är inte meningen att du ska få blåmärken) och om det skulle kännas ömt på någon av punkterna så går det bra att massera där istället för att knacka. Kanske är det intressant att kolla upp vad just den punkten representerar för känsla, se schemat på sidan 69.

Under **Sekvensen** (knackrundan) behöver du inte upprepa hela **Setup-frasen**, det räcker med en **Påminnelsefras**.

Påminnelsefrasen är din ursprungliga beskrivning av problemet. Man kan säga att det är Setup-frasen *utan* "**Fastän**" och "**så accepterar jag mig själv**".

Till exempel om Setup-frasen var:

"Fastän **jag är så arg på min chef** *så accepterar jag mig själv helt och hållet"*

... så räcker det med en **Påminnelsefras** från och med nu, till exempel:

"Jag är så arg på min chef!"

Uttala **Påminnelsefrasen** samtidigt som du knackar 5-10 gånger på varje punkt, i den ordning som visas på följande sidor.

Uttala **Påminnelsefrasen** med inlevelse, *en gång för varje punkt* du knackar på. Till exempel om du är arg, så försök att låta lite arg och om du är rädd för något så kan du försöka få det att låta så. Man måste inte "spela teater" men det ger ofta ett bättre resultat.

Anledningen till att man använder Påminnelsefraser är att det blir lättare att behålla fokus på problemet. Är man i en offentlig miljö och måste "akut-knacka" så går det självklart bra att tänka tyst på problemet istället för att uttala det högt.

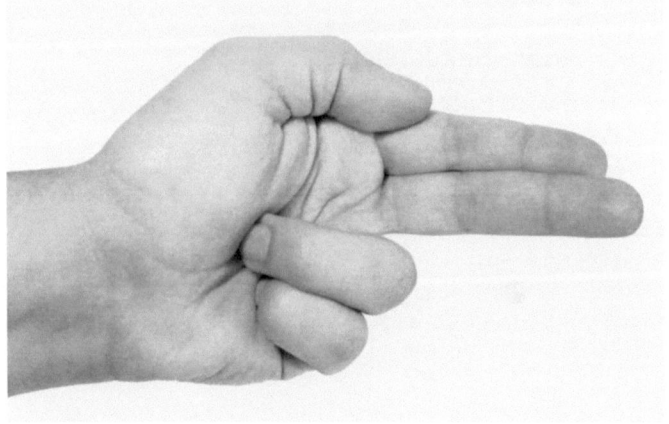

Använd pekfingret och långfingret när du knackar.

EFT – Grundreceptet enligt Gary Craig

- Setup-frasen
- Första Sekvensen
- 9 Gamut
- Andra Sekvensen

Ögonbrynets Början

Den här punkten hör ihop med **Blåsmeridianen** och den
hittar du vid ögonbrynets början, precis där ögonbrynet
och näsbenet möts.

Knacka 5-10 gånger samtidigt som du uttalar din
Påminnelsefras en gång.

(Denna punkt är bra att knacka på när du vill få bort rädslor,
känna dig modigare eller bara behöver mer energi.)

Sidan av ögat

Den här punkten hör ihop med **Gallblåsmeridianen** och den hittar du på benet vid sidan av ögat.

Knacka 5-10 gånger samtidigt som du uttalar din **Påminnelsefras** en gång.

(Denna punkt kan vara till god hjälp vid beslutsfattande och när du behöver klarhet i dina tankar. Den är också bra om du känner dig ledsen, arg eller deprimerad.)

Under Ögat

Den här punkten hör ihop med **Magmeridianen** och den hittar du på benet under ögat, i linje med pupillen när du tittar rakt fram.

Knacka 5-10 gånger samtidigt som du uttalar din **Påminnelsefras** en gång.

(Knacka gärna lite extra här om du känner dig förvirrad, orolig, illamående eller har ont i magen. Det är också en effektiv punkt när man vill bli kvitt godissug, röksug eller andra typer av beroenden.)

Under Näsan

Den här punkten hör ihop med **Styrkärlsmeridianen** som påverkar hela energisystemet. Du hittar den mitt emellan näsan och överläppen.

Knacka 5-10 gånger samtidigt som du uttalar din **Påminnelsefras** en gång.

Att knacka *Under Näsan* och *Under munnen* samtidigt sätter fart på energicirkulationen, perfekt när du behöver extra energi!

(Det här är en extra användbar punkt om du är blyg eller har svårt för att uttrycka dig. Det är också en bra punkt för att behandla panikkänslor.)

Under Munnen

Denna punkt hör ihop med **Centralmeridianen** som på-
verkar energiflödet i hela kroppen och den hittar du i
gropen mellan underläppen och hakan.

Knacka 5-10 gånger samtidigt som du uttalar din
Påminnelsefras en gång.

Att knacka *Under Munnen* och *Under Näsan* samtidigt
sätter fart på energicirkulationen, perfekt när du behö-
ver extra energi!

(Här kan du knacka lite extra om du känner dig trött, orolig
eller utmattad. Den här punkten är också bra för att eliminera
skam- och panikkänslor.)

Nyckelbenet

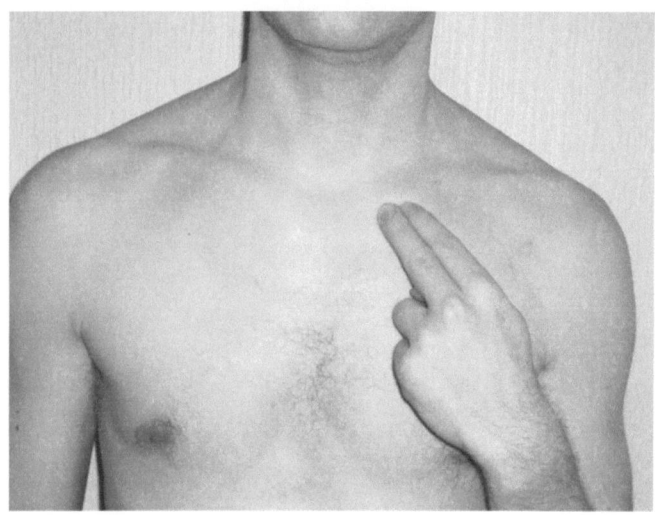

Denna punkt hör ihop med **Njurmeridianen** och den hittar du nedanför vinkeln där nyckelbenet och bröstbenet möts.

Placera fingrarna på bröstbenets början direkt under halsgropen. Flytta sedan fingrarna två fingerbredder åt höger eller vänster så känner du en liten grop där.

Knacka 5-10 gånger samtidigt som du uttalar din **Påminnelsefras** en gång.

(Denna punkt stärker självförtroendet och lindrar rädslor. Den är också tillräckligt diskret för att man ska kunna använda den när man är "ute bland folk".)

Under Armen

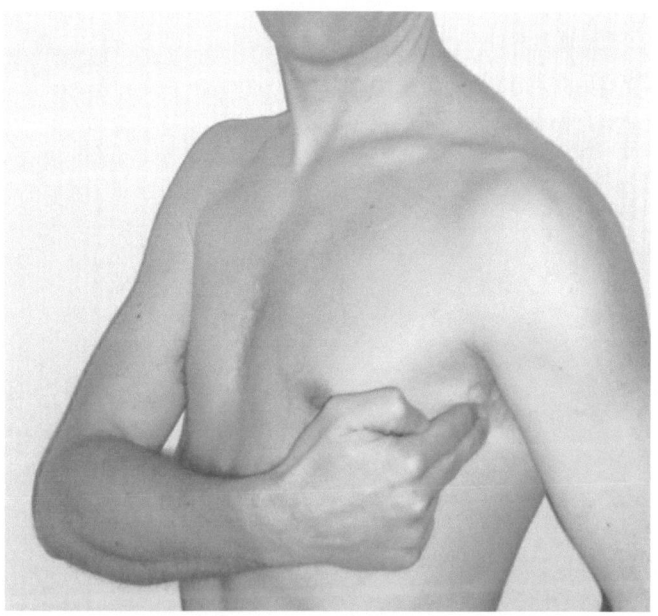

Den här punkten hör ihop med **Mjältmeridianen** och du hittar den en handsbredd under armhålan, i linje med bröstvårtan om du är man, eller mitt på behå-bandet om du är kvinna.

Knacka 5-10 gånger samtidigt som du uttalar din **Påminnelsefras** en gång.

(Här kan du knacka lite extra om du oroar dig mycket eller har svårt för att koncentrera dig.)

Under Bröstet

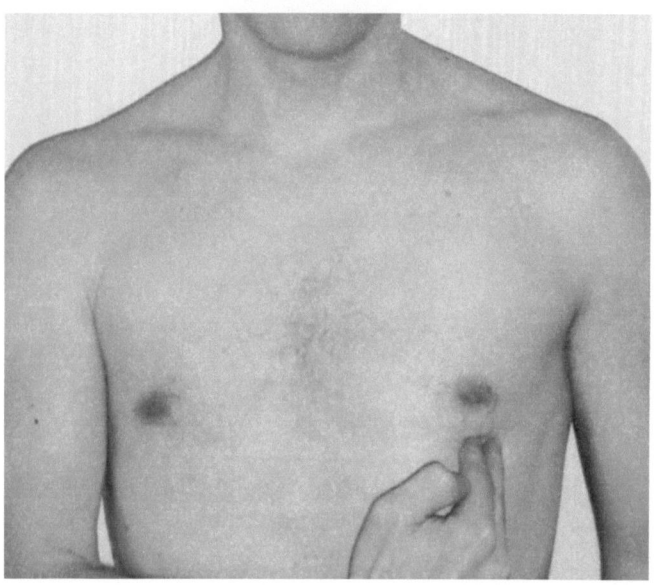

Den här punkten hör ihop med **Levermeridianen** och om du är man så hittar du den två fingerbredder nedanför bröstvårtan.

Om du är kvinna hittar du punkten rakt under bröstet, i linje med bröstvårtan, ungefär där revbenen känns eller in under bygeln om du använder bygel-behå.

Knacka 5-10 gånger samtidigt som du uttalar din **Påminnelsefras** en gång.

(Denna punkt är en bra hjälp för att hantera ilska och frustration eller om du känner dig olycklig.)

Tummen

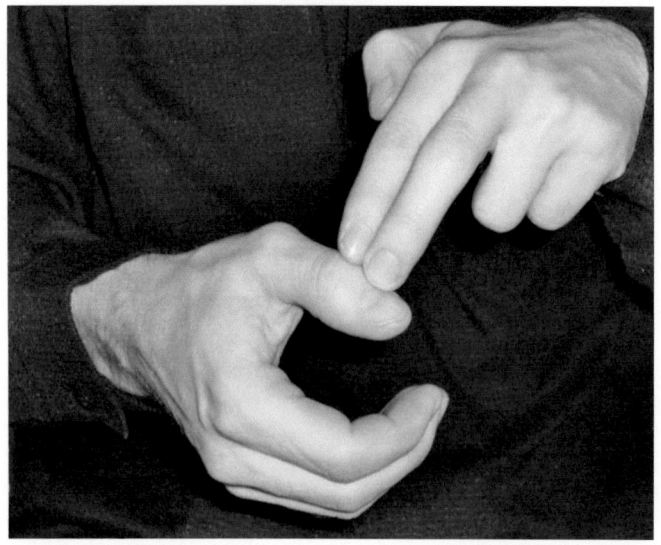

Den här punkten hör ihop med **Lungmeridianen** och den hittar du på tumnagelns yttre kant, vid nagelbasen, på den sida som är längst bort från de andra fingrarna.

Knacka 5-10 gånger samtidigt som du uttalar din **Påminnelsefras** en gång.

(Denna punkt är en bra hjälp vid sorg och om du känner dig ledsen.)

Pekfingret

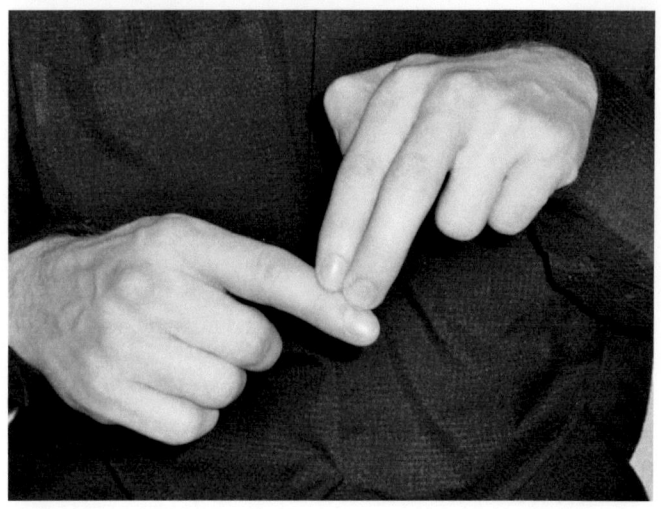

Den här punkten hör ihop med **Tjocktarmsmeridianen** och den hittar du på pekfingernagelns yttre kant, vid nagelbasen, på den sida som är närmast tummen.

Knacka 5-10 gånger samtidigt som du uttalar din **Påminnelsefras** en gång.

(Här kan du knacka lite extra om du bär på skuldkänslor eller känslomässig smärta från det förflutna.)

Långfingret

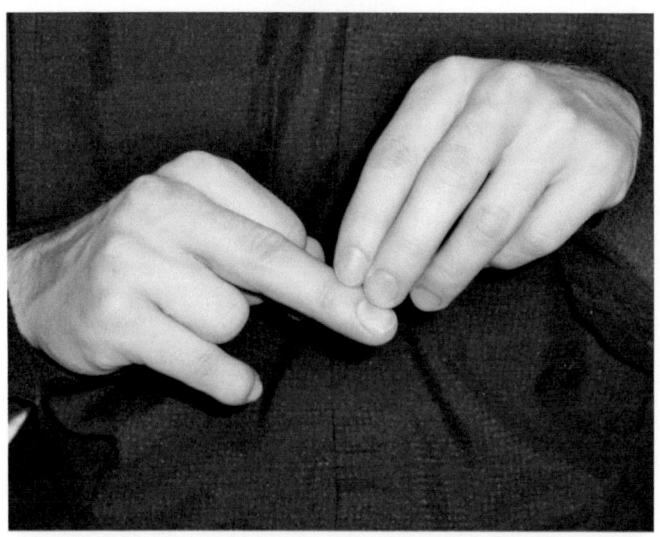

Den här punkten hör ihop med **Hjärtsäcksmeridianen** och du hittar den på långfingernagelns yttre kant, vid nagelbasen, på den sida som är närmast pekfingret.

Knacka 5-10 gånger samtidigt som du uttalar din **Påminnelsefras** en gång.

(Här kan du knacka lite extra om du har låg självkänsla, lider av svartsjuka eller har sexuella problem.)

Lillfingret

(Observera att man hoppar över ringfingret eftersom det hör till samma meridian som *Gamutpunkten,* som vi snart kommer till.)

Den här punkten hör ihop med **Hjärtmeridianen** och den hittar du på lillfingernagelns yttre kant, vid nagelbasen, på den sida som är närmast ringfingret.

Knacka 5-10 gånger samtidigt som du uttalar din **Påminnelsefras** en gång.

(En bra punkt när du känner dig ensam, har kärlekssorg eller om du har svårt att visa medkänsla och empati.)

Karatepunkten

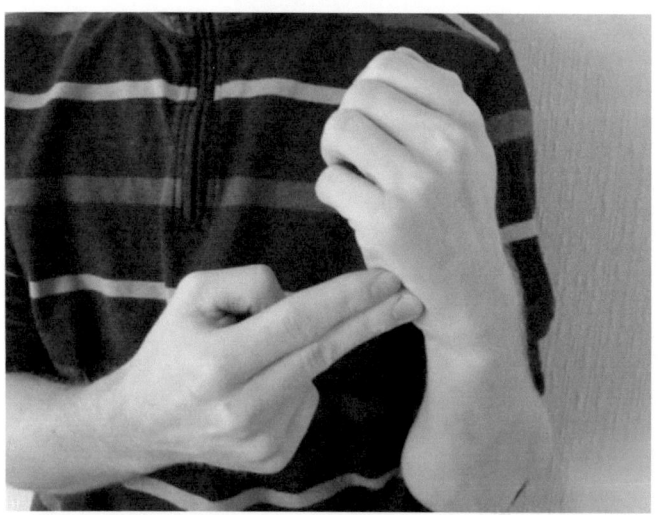

Den här punkten hör ihop med **Tunntarmsmeridianen**, och den hittar du på sidan av handen, på den mjukare och lite tjockare delen.

Karatepunkten är den punkt som brukar användas vid **Setup-frasen**.

Knacka 5-10 gånger samtidigt som du uttalar din **Påminnelsefras** en gång.

(Denna punkt är bra att knacka på när du vill stärka ditt självförtroende.)

Gamutpunkten

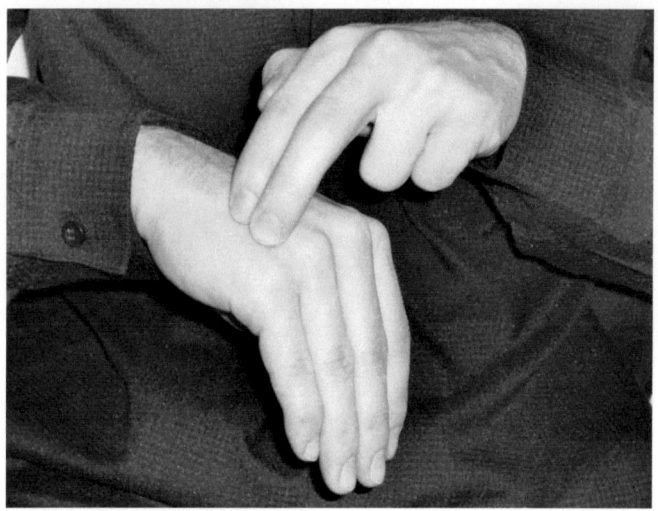

Nu har vi kommit till Gamutpunkten, den punkt som vi knackar på istället för på ringfingret och den hör ihop med **Trippelvärmar-** och **Sköldkörtelmeridianen**.

Du hittar den precis mittemellan och strax under lill-finger- och ringfingerknogarna, i gropen mellan de två fingerbenen.

När du knackar på den här punkten så ska du samtidigt göra något som kallas **9 Gamut** och de momenten för-klaras på nästa uppslag.

9 Gamut

Detta är de nio momenten som ingår i **9 Gamut** och de ska utföras samtidigt som du knackar på **Gamutpunkten**.

Det är viktigt att du håller huvudet stilla under tiden som du utför alla 9 momenten och att du uttalar **Påminnelsefrasen** (utom när du räknar och sjunger).

- Blunda
- Öppna ögonen
- Titta långt ner till höger
- Titta långt ner till vänster
- Rör ögonen medsols i en stor cirkel
- Rör ögonen motsols i en stor cirkel
- Nynna några sekunder på en enkel melodi, exempelvis "Ja må han leva..."
- Räkna snabbt till sju
- Nynna några sekunder till på samma melodi som förut, exempelvis "Ja må han leva..."

Anledningen till att man räknar och nynnar är att de momenten stimulerar olika hjärnhalvor. På det här sättet balanserar man de två hjärnhalvorna.

När du nynnar/sjunger så stimuleras den högra, kreativa hjärnhalvan och när du räknar så stimuleras den vänstra, logiska hjärnhalvan.

Andra Sekvensen

Efter att ha klarat av Setupen, Första Sekvensen och 9 Gamut, så är det dags för den **Andra Sekvensen**.

Nu ska du återigen knacka 5-10 gånger på alla punkterna, i exakt samma ordning som förut, samtidigt som du uttalar Påminnelsefrasen vid varje punkt.

Den enda skillnaden mot Första Sekvensen, är när du kommer till Gamutpunkten: Då knackar du bara som vanligt och kan utesluta 9 Gamut-proceduren.

- Ögonbrynets början
- Sidan av ögat
- Under ögat
- Under näsan
- Under munnen
- Under nyckelbenet
- Under armen
- Under bröstet
- Tummen
- Pekfingret
- Långfingret
- Lillfingret
- Karatepunkten
- Gamutpunkten

Andra Sekvensen

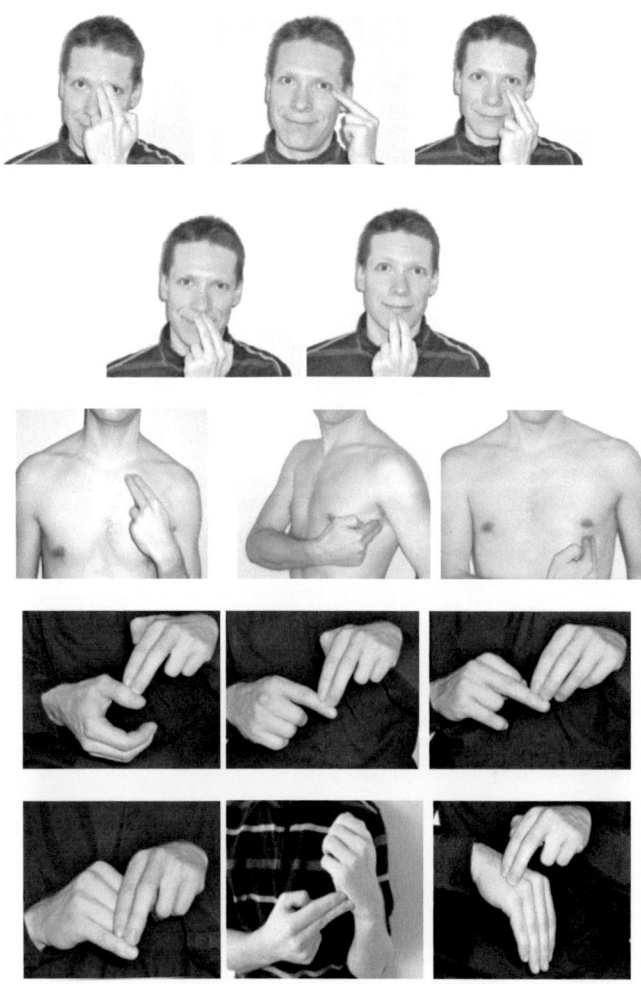

Gradera obehaget på nytt
(Göra en ny SUD)

Nu när du har följt hela "Grundreceptet" från början till slut, så är det dags att kontrollera dina framsteg.

Börja med att ta ett djupt andetag och känn efter hur det känns. Känns det likadant som förut? Har obehaget minskat eller ökat i intensitet?

Gradera det upplevda obehaget på samma sätt som tidigare, genom att använda skalan 0-10 och jämför med hur det var innan du började knacka på problemet.

Anledningen till att man gör en ny **SUD** är för att kontrollera om knackningarna har gett resultat.

Ny uppskattning av SUD
(Subjektivt Upplevt Obehag)

10 Starkast möjliga obehag/smärta/ilska/stress/rädsla

9

8

7

6

5 Måttligt men ändå besvärande obehag/smärta/
ilska/stress/rädsla

4

3

2

1

0 Inget eller obefintligt obehag/smärta/ilska/stress/
smärta/ilska/stress/rädsla

"Är jag klar nu, eller?"

Vilken siffra hamnade du på? Om ditt ursprungliga problem var att du var arg på din chef och du graderade ilskan till en åtta på SUD-skalan, så kanske den har sjunkit till 4 nu. Det betyder att knackningen hjälper men att du inte är helt färdig än.

Ibland fungerar EFT supersnabbt och man kan gå från 10 till 0 på en enda knackrunda, men ofta behöver man lite tålamod och ibland behöver man vara detektiv dessutom, mer om det lite längre fram.

Om nu ilskan över chefen har sjunkit till en fyra och om målet är en SUD på noll, så är det bara att fortsätta knacka. Men nu ändrar man lite på Setup-frasen.

Om den ursprungliga Setup-frasen var:

"Fastän ...

... jag är så arg på chefen ...

... så accepterar jag mig själv helt och hållet"

Så kan din nya Setup-fras låta så här:

"Fastän ...

... jag **fortfarande** är **lite** arg på chefen ...

... så accepterar jag mig själv helt och hållet"

Om ditt problem i stället var en molande tandvärk så kanske din ursprungsfras var:

"Fastän ...

... jag har den här molande tandvärken ...

... så accepterar jag mig själv helt och hållet"

Och din nya Setup-fras kan låta så här:

"Fastän ...

... jag **fortfarande har kvar lite** av den här molande tandvärken ...

... så accepterar jag mig själv helt och hållet"

Nu ska du "börja om från början" och då använder du din nya Setup-fras. Börja med att återigen knacka på Karatepunkten samtidigt som du uttalar Setup-frasen högt tre gånger.

När du är klar med Setupen så är det dags att knacka igenom alla punkter igen, i tur och ordning, samtidigt som du säger din nya Påminnelsefras.

Den kan låta så här:

"Jag är **fortfarande** lite arg på chefen"

Eller:

"Jag har **fortfarande kvar lite** tandvärk"

Efter varje knackrunda gör du en ny SUD och när du kommit ner till 1 eller 2 så är det dags att ändra uttalandet *igen* och då kan Setup- och Påminnelsefraserna låta så här:

"Jag vill bli **_helt fri_** från den här ilskan **_nu_** och **jag accepterar mig själv helt och hållet**"

Och:

"Jag vill bli **_helt fri_** från tandvärken **_nu_** och **jag accepterar mig själv helt och hållet**"

Och Påminnelsefraserna kommer att låta så här:

"Jag vill bli **_helt fri_** från den här ilskan **_nu_** "

Och:

"Jag vill bli **_helt fri_** från tandvärken **_nu_**"

När problemet förändras eller flyttar på sig

Ibland när man blir fri från ett problem så dyker det upp ett annat istället. Om du till exempel har huvudvärk och "knackar bort den", så kanske du upptäcker att smärtan egentligen inte försvunnit, den har bara har flyttat på sig.

Detta är helt normalt och då är det bara att återigen göra en SUD, det vill säga gradera smärtan, och sedan skapa en Setup-fras utifrån det nya problemet, t ex om smärtan nu sitter i nacken:

"Fastän ...

... jag har ont i nacken ...

... **så accepterar jag mig själv helt och hållet"**

Knacka vidare enligt Grundreceptet (sid 22) tills smärtan är helt borta och om den flyttar på sig igen, kanske till axlarna, så får du anpassa Setup-frasen efter det:

"Fastän ...

... jag har ont i axlarna ...

... **så accepterar jag mig själv helt och hållet"**

Gör en ny SUD efter varje knackrunda och fortsätt tills du är nere på noll. Ibland kan denna procedur ta en stund, men envishet brukar löna sig.

Om du skulle råka hamna i en härva av känslor och bli överväldigad av det, så brukar det vara bra att massera punkten **Under Nyckelbenet** (se bild på sid 28) och samtidigt säga:

"Jag accepterar mig själv och mina känslor"

Eller:

"Jag är helt OK"

Eller:

"Jag är bra som jag är"

Eller något annat med liknande budskap, som du tycker känns bra att säga.

Efter någon minut går du vidare och masserar de övriga punkterna i tur och ordning (sid 39), så länge som det känns bra.

Du kan fortsätta att uttala den mening du valt, eller välja att bara tyst koncentrera dig på att massera de olika punkterna.

Aspekter

Ibland stöter man på något som kallas Aspekter, det är när det finns flera delar – Aspekter – av ett problem. Då behandlar man varje del – Aspekt – som ett separat problem.

Ett exempel: Du kanske är rädd för att gå till tandläkaren, du gör en SUD och uppskattar rädslan till en åtta och börjar knacka på den.

"Fastän …

… jag tycker att det är så himla läskigt att gå till tandläkaren …

… så accepterar jag mig själv helt och hållet"

Under tiden du knackar så dyker ett obehagligt minne upp, från när du var fem år: Tandsköterskan höll fast dig när du blev rädd för bedövningssprutan och du försökte ta dig ur stolen.

Detta är en **Aspekt** och ett separat problem som du bör knacka på:

"Fastän …

… tandsköterskan höll fast mig den där gången när jag blev rädd för bedövningssprutan …

… så accepterar jag mig själv helt och hållet"

Fortsätt att behandla varje ny Aspekt som om det vore ett separat problem. I det här fallet kan det nog behövas en knackrunda på bedövningssprutor och tandsköterskor också.

Rädslan för tandläkaren kommer inte att försvinna förrän alla Aspekter är borta, så försök att få ner dem till noll på skalan 0-10, därefter gör du en ny SUD på det ursprungliga problemet *"rädd för att gå till tandläkaren"* och ser om rädslan försvunnit.

Ytterligare ett exempel: Rädsla för att tala offentligt är något som brukar innehålla många Aspekter och som alltid måste varje Aspekt behandlas som ett separat problem med både **SUD** och **Setup**.

Exempel på vanligt förekommande aspekter vid rädsla att tala offentligt:

- Rädsla för att rodna
- Rädsla för att stamma
- Rädsla för att "tappa tråden"
- Rädsla för att verka tråkig
- Rädsla för att bli utskrattad

När man behandlat alla aspekter och fått ner alla rädslor till noll, så försvinner rädslan för att tala offentligt.

Ibland lyckas man inte direkt och rädslan kanske kommer tillbaka nästa gång som man ska hålla ett tal eller ett föredrag. Det kan bero på att man missat någon Aspekt, eller att det dykt upp en ny, t ex:

"Rädd för att snubbla när jag ska gå fram till scenen"

Då får man upprepa proceduren:

"Fastän ...

... jag är livrädd för att snubbla när det är min tur att gå fram och prata ...

... så accepterar jag mig själv helt och hållet"

Luriga Aspekter

Ibland när det verkar som att EFT inte fungerar, då kan det finnas andra bakomliggande orsaker (medvetna eller omedvetna) – som hindrar oss från att uppnå den effekt vi vill ha.

De här – lite luriga Aspekterna kan bero på många olika saker. De kan bero på rädslor, till exempel en idrottsman vars högsta dröm är att hamna på prispallen, men som samtidigt är jätteblyg och livrädd för att hamna i fokus.

Hur han än anstränger så kommer han bara på fjärde plats, ett tryggt och säkert avstånd ifrån prispallen och han slipper därmed hamna i fokus.

Sekundärvinster är också en sorts lurig Aspekt. Ett klassiskt exempel är den stressad, dubbelarbetande småbarnsföräldern som lider av återkommande migränattacker.

Självklart finns det ingen som *vill* ha migrän, men det undermedvetna månar om migränattackerna eftersom det är en giltig anledning till att få stänga in sig i ett mörkt, tyst rum för att få lite välbehövlig och livsnödvändig vila.

Här bör man naturligtvis inte nöja sig med att migränattackerna försvinner. Man bör också försöka hitta en lösning på *problemet* som inte är migrän utan avsaknad av tillfällen till vila och andrum.

Kanske behöver man hjälp utifrån och då får man be om det. Om det är så att man har svårt för att be om hjälp, så bör man kanske knacka på det:

"Fastän jag har så svårt för att be andra om hjälp **så accepterar jag mig själv helt och hållet"**.

En vanlig typ av Aspekt, kallad för "The Writing on Our Walls" är vanföreställningar som vi bär med oss sedan barnsben. Kanske har vi fått höra att "Ingen tycker om den som det går bra för", eller "Pengar gör en bara olycklig" etc.

Med de orden ringande i öronen så kanske man omedvetet undviker att göra sitt bästa på en anställningsintervju, eftersom ett kliv uppåt på karriärstegen skulle innebära att "Ingen tycker om mig då och jag blir bara olycklig".

Hur konstigt det än kan låta, så kan en Aspekt innebära att man egentligen *inte vill* bli av med problemet. Ett exempel: Om man är väldigt arg på någon som varit elak eller betett sig på ett sådant sätt att man blivit skadad eller djupt sårad.

Trots att man *vet* att man mår dåligt av ilskan så kan man känna att så länge man fortsätter att vara arg så visar man för sig själv (och andra) att man inte accepterar eller förlåter det som personen gjorde.

51

Detta är en vanföreställning och man bör jobba med den tanken/ känslan, för att kunna släppa den och gå vidare.

Ett sista exempel på hur Aspekter kan bete sig: Någon som fått höra hur omöjlig han/hon är att leva med och att ingen någonsin kommer att stå ut med honom/henne. Denna person kanske omedvetet söker sig till relationer som är dömda att misslyckas, enbart för att (undermedvetet) bekräfta den sanningen.

Bakomliggande Aspekter är ofta orsaken till att självhjälpsböcker inte fungerar. Så länge vi har ett inre motstånd inprogrammerat i det undermedvetna, så hjälper det inte att bli medveten om att vi har ett problem eller att någon talar om för oss vad vi behöver göra.

Vi måste *först* få bort motståndet från vårt undermedvetna, *därefter* kan vi ändra vårt beteende i önskad riktning. Lyckligtvis behöver detta inte vara särskilt svårt.

När den ursprungliga känslan förändras

Du kanske känner dig arg "helt utan anledning" och vill knacka bort den känslan:

"Fastän …

… jag inte vet varför jag är så här arg …

… **så accepterar jag mig själv och mina känslor, helt och hållet"**

När du kommit halvvägs genom Grundreceptet så kanske ilskan har försvunnit, men nu känner du dig ledsen istället och du vet fortfarande inte varför. Då gör du en ny SUD och en ny Setup-fras och knackar på den nya känslan:

"Fastän …

… jag känner mig så här ledsen …

… **så accepterar jag mig själv och mina känslor, helt och hållet"**

Efter att ha gått igenom hela Grundreceptet så kanske du fortfarande är ledsen och du ändrar Setup-frasen till:

"Fastän jag _fortfarande_ ...

... är _lite_ ledsen ...

... så accepterar jag mig själv och mina känslor"

Efter en stunds knackande så upptäcker du kanske att du egentligen inte är ledsen heller, utan att problemet är att du känner dig ensam, då är det den känslan du ska knacka på.

Det här kan verka lite krångligt och förvirrande i början, men med lite övning så lär man sig hur man fungerar och det blir lättare att "hänga med i svängarna".

Censurera inte dina känslor!

Undvik att censurera dina tankar och känslor så får du bäst resultat. Det ÄR tillåtet att svära eller att använda ett grovt språk, om du brukar göra det.

Eftersom EFT påverkar ditt undermedvetna så är det lönlöst att vara något annat än helt ärlig, och om det känns svårt, så bör du knacka på *det* problemet först:

"Fastän ...

... jag har svårt att vara ärlig när jag ska göra min Setup-fras ...

... så accepterar jag mig själv helt och hållet")

Om du till exempel har ryggskott (= Lumbago på läkar-språk) och berättar för en bekant att du har *"så dj ... a ont i den förbannade ryggen!!!"* så är det inte särskilt effektivt om Setup-frasen låter så här: *"Fastän jag har lumbago.........."* Din Setup ska vara DINA EGNA ord, och det blir extra effektivt om de uttalas med inlevelse.

Det är du och dina känslor som ska vara i fokus och du ska uttrycka dig på ditt eget sätt!

Ibland är det svårt att veta vad man ska säga och att komma på en Setup som funkar. Följande sidor innehåller flera exempel på hur EFT kan användas och hur en Setup-fras kan låta.

Exempel på hur EFT kan användas
Fysisk smärta

"Fastän...

... det sticks i halsen...

... jag hatar att ha så här ont i ryggen...

... jag har den här brännande känslan i maggropen...

... jag har så ont i foten att jag inte kan gå...

... jag får ont i magen när jag och *NN* bråkar...

... jag inte står ut med att ha så här ont i armen...

... så accepterar jag mig själv helt och hållet"

Huvudvärk kan beskrivas på många olika sätt, försök att vara så exakt som möjligt när du skapar din Setup-fras.

"Fastän ...

... det känns som att huvudet ska sprängas...

... jag har den här tryckande huvudvärken...

... det bultar i huvudet...

... så accepterar jag mig själv helt och hållet"

Fundera på om du vet vad som kan ha orsakat huvud-
värken, kan den bero på stress? Spända axlar?

"Fastän ...

... jag inte vet vad huvudvärken beror på...

... så accepterar jag mig själv helt och hållet"

Vid vissa smärttillstånd så kan man få gå igenom hela
Grundreceptet flera gånger om dagen. Ett brutet ben
läker inte på fem minuter bara för att man knackar,
däremot kan läkningen påskyndas och smärtan lindras
avsevärt.

Ibland kan fysiska smärtor orsaka känslor som uppgiven-
het, ledsenhet, ilska etc. Det kan vara en god idé att
behandla de känslorna också:

"Fastän ...

... jag är så arg för att såret aldrig läker...

... jag är så trött på att ha ont i benet...

... det känns så orättvist att jag har så här ont...

... jag blir ledsen när det gör så här ont ...

... så accepterar jag mig själv helt och hållet"

Rädslor och fobier

Det är lättast när man vet exakt vad man är rädd för, även om man ibland kan behöva bryta ner rädslorna i separata delar (**Aspekter**). Om man till exempel är mörkrädd, då kan man fråga sig om man alltid är rädd när det är mörkt eller om man bara är det i vissa situationer.

Man kanske bara är rädd om man är *utomhus* när det är mörkt och kanske bara om man är *ensam* ute i mörkret.

Som vanligt gäller det att ju mer exakt man är desto bättre blir resultatet. Så istället för att benämna problemet som "mörkrädsla" så kan man säga:

"Fastän ...

... jag är rädd för att vara ute själv när det är mörkt...

... så accepterar jag mig själv helt och hållet"

Alla är rädda för någonting och det finns lika många sätt att uttrycka sin rädsla på, som det finns saker eller situationer att vara rädd för.

Till exempel:

"Fastän ...

... jag är livrädd för att åka båt när det blåser mycket...

... jag är rädd för att prata inför publik...

… jag blir svimfärdig bara av att *se* en spindel…

… jag är så rädd för att göra fel…

… jag blir jätterädd när hjärtat slår så hårt…

… jag är så höjdrädd att jag mår illa av att se en stege …

… jag tycker att det är så läskigt att ringa till någon jag inte känner…

… så accepterar jag mig själv helt och hållet"

Glöm inte att gradera rädslorna på skalan 0-10, både före och efter knackrundan. När rädslan försvinner så är det svårt att framkalla den känslan igen och då kan man tänka att "det var väl inte så farligt" och tro att EFT inte fungerar.

Gör gärna en lista över alla saker du är rädd för och gradera dem enligt SUD-skalan (0-10), sedan betar du av alla rädslor, en efter en, tills det inte är några kvar.

Börja med de rädslor som du graderar högst och fortsätt sedan att bearbeta en till tre rädslor om dagen. Glöm inte bort **Aspekterna** och att de måste behandlas som separata rädslor.

Obs! En del fobier är så djupt rotade att man kan reagera kraftigt bara genom att tänka på det man är rädd för. Om du vet att du brukar reagera extra starkt så bör du vara extra försiktig och helst ta hjälp av någon som har erfarenhet av att arbeta med EFT och fobier.

Obehagskänslor

Ibland kan man känna oro eller obehag utan att veta vad det beror på.

"Fastän …

… jag inte vet varför jag är rädd/orolig…

… jag har den här oron i kroppen…

… jag känner på mig att något ska hända…

… det känns som fjärilar i magen …

… så accepterar jag mig själv och mina känslor helt och hållet"

Observera att slutet av Setup-frasen har ändrats. Det går bra att säga nästan vad som helst som passar, det som är viktigt är att det har samma innebörd; att man förlåter, accepterar, tycker om och älskar sig själv, fastän man har det problem man har.

När man känner till orsaken till oron, så kan man adressera den direkt:

"Fastän…

… jag oroar mig för att min son mår dåligt …

… jag blir orolig när min dotter inte hör av sig…

... jag oroar mig för att det ska bli för dyrt att laga bilen...

... jag är orolig för att jag oroar mig för mycket...

... jag är orolig för att jag inte ska kunna sova i natt ...

... så älskar jag mig själv och accepterar mig själv helt och hållet"

Observera att Setup-frasen är ändrad här också.

När man är ledsen eller deprimerad

Om det finns en speciell anledning till att vara ledsen eller deprimerad så kan man gå rakt på sak:

"Fastän ...

... min chef sa att jag gjort ett uselt jobb...

... min flickvän har gjort slut...

... jag kommer att förlora jobbet...

... jag skäms för att jag är arbetslös...

... *NN* har dött...

... jag känner mig så ful...

... jag är världens sämsta mamma...

... jag får ångest av att träffa andra människor...

... jag är helt värdelös...

... ingen tycker om mig...

... **så älskar jag mig själv helt och fullt, precis som jag är"**

Om det inte finns någon synbar anledning till att man känner sig ledsen eller deprimerad, utan det bara är en känsla så kan man försöka sätta ord på den känslan:

"Fastän...

... jag bara vill dra täcket över huvudet och aldrig mer gå upp...

... jag inte orkar mer just nu...

... jag känner så här ...

... jag har den här känslan just nu ...

... jag inte vet varför jag mår dåligt ...

... jag inte klarar av att ta mig för något ...

... allting känns meningslöst...

... ingenting känns roligt...

... så accepterar jag mig själv och älskar mig själv precis som jag är"

(Välj en formulering som passar just dig.)

Viktigt! Om man har en depression som inte går över, så bör man kontakta sjukvården för att få hjälp.

Bristande självförtroende

Bristande självförtroende bottnar lika ofta i hur *vi* ser på oss själva som hur vi tror att *andra* ser på oss. Någon kan ha fällt en nedvärderande eller elak kommentar långt tillbaka i tiden, och fastän vi vet att det inte är sant så sitter den ändå kvar som en vass tagg och gör ont. Se följande exempel:

"Fastän...

... jag inte förtjänar att vara tillsammans med *NN* ...

... jag vet att ingen kommer att lyssna på mig...

... alla andra är mycket bättre på att sjunga ...

... alla tycker att jag är konstig ...

... *NN* sa att jag är helt värdelös ...

... jag vet att jag kommer att rodna/stamma/göra bort mig...

... jag är så osocial ...

... jag är så tråkig att umgås med ...

... Jag är så tjock/klumpig/trist/dum/ful ...

... så älskar jag mig själv helt och hållet, precis som jag är"

I skolan

"Fastän...

... jag inte orkar plugga just nu ...

... jag inte kan koncentrera mig ...

... jag inte vågar redovisa ...

... jag känner mig utanför ...

... jag inte vågar fråga om jag får sitta med *NN* ...

... jag inte förstår det här mattetalet ...

... så älskar jag mig själv precis som jag är"

Alternativt:

... så accepterar jag mig själv precis som jag är"

Alternativt:

... så duger jag precis som jag är"

Alternativt:

... så är jag bra/helt ok ändå"

Alternativt:

Något annat som känns bra att säga.

På jobbet

"Fastän...

... jag mår dåligt av den här omorganisationen ...

... jag blir så stressad av allt jag måste hinna före lunch ...

... jag är ledsen för att jag inte fick det där jobbet som jag ville ha ...

... jag stör mig på att *NN* pratar så högt ...

... jag är nervös inför utvecklingssamtalet/presentationen ...

... jag hatar mitt jobb idag ...

... så accepterar jag mig själv helt och hållet"

I trafiken

"Trots att ...

... jag blir stressad av att sitta fast i den här bilkön ...

... gubben i blå bilen pekade finger åt mig ...

... jag tror att jag har kört vilse ...

... jag stör mig på att bilen framför kör så långsamt ...

... det aldrig blir grönt ljus ...

... jag blir tokig på alla idioter som cyklar mitt i vägen ...

... så accepterar jag mig själv helt och hållet"

Märkte du att Setup-frasen är förändrad?

"Fastän..." är utbytt till:

"Trots att ..." och det går lika bra att säga:

"Även om ..."

Du kanske hellre säger något annat, som passar dig
bättre, och det går hur bra som helst. Det viktiga är att
orden har samma innebörd.

Hemma

"Fastän...

... jag är så arg på *NN* för att han/hon är sen igen ...

... jag blir så stressad av *NN* ´s tjat ...

... jag är orolig för att *NN* inte hör av sig ...

... jag skäms för att jag sa så där till *NN* ...

... jag har skuldkänslor för att jag inte hann hjälpa *NN* med läxorna ...

... jag är så trött ...

... jag inte kan låta bli att bita på naglarna ...

... jag drömde den där otäcka drömmen* ...

... så accepterar jag mig själv helt och hållet"

Förteckning över meridianerna

Meridianpunkt	Användbar vid
Ögonbrynets början	Trauma, frustration, rastlöshet
Sidan av ögat	Ilska, depression, är lugnande
Under ögat	Oro, nervositet, fobier, begär, illamående, magproblem
Under näsan	Blyghet, panik, skam
Under munnen	Oro, panik, skamkänslor
Nyckelbenet	Oro, osäkerhet
Under armen	Oro, nervositet, självkänsla, koncentrationsproblem
Under bröstet	Ilska, frustration och olycklighet
Tummen	Sorg, ledsenhet, depression
Pekfingret	Skuldkänslor, förstoppning, svårighet att förlåta
Långfingret	Självkänsla, svartsjuka, sexuella problem, beroenden, ånger
Lillfingret	Ilska, chock, ensamhetskänslor, smärtsamma minnen
Gamutpunkten	Förtvivlan, ensamhetskänslor, depression, fysisk smärta
Karatepunkten	Oro, ambivalens, självförtroende

Frågor och svar

Vad händer om jag knackar på fel ställe?

Det sämsta som kan hända är att det inte händer något alls, men så länge du knackar någonstans i närheten så brukar det fungera rätt bra ändå.

Jag glömmer ofta bort i vilken ordning jag ska knacka.

Det kan bli så i början. Försök tänka på att du ska knacka uppifrån och ner i ansiktet och på kroppen, likt formen på ett frågetecken. Eller knacka på: *"Fastän jag alltid glömmer bort i vilken ordning jag ska knacka…"*

Jag tycker att det är svårt att hitta en Setup-fras?

Fundera över hur du skulle beskriva problemet för någon du känner. Vilka ord brukar du använda när du pratar om t ex huvudvärken? Om du brukar säga "känns som om huvudet ska sprängas", så skapa din Setup efter det.

Hur hårt ska jag knacka?

Ungefär så hårt som när man trummar med fingrarna i bordet. Knackningarna ska vara tillräckligt hårda för att kännas men de ska absolut inte gör ont och det är inte meningen att du ska få blåmärken.

Ibland kan någon punkt kännas öm, då kan du massera där istället, eller bara hålla ett finger där medan du tar ett djupt andetag, in genom näsan och ut genom munnen, samtidigt som du fokuserar på problemet.

Jag glömde en punkt, vad gör jag då?

Ingen fara, det går bra ändå, eller så kan du knacka en gång till om det känns bättre att göra så.

Ska jag knacka på höger eller vänster sida?

Det spelar ingen roll, meridianerna går längs med båda sidor av kroppen.

Varför händer det inget när jag knackar?

Det kan bero på många olika saker, här följer några orsaker till att EFT inte fungerar:

* Otydlig Setup-fras, kan du bli mer specifik i din beskrivning? Använder du dina egna ord eller någon annans?

* Har problemet förändrats? Till exempel om ursprungsproblemet var nervositet för att träffa en viss person och du började med att säga:

* Finns det flera Aspekter av problemet? (Se sid 47)

"**Fastän** jag är jättenervös inför att träffa *NN* så **accepterar jag mig själv helt och hållet**"

Nervositeten kan ha flera **Aspekter**, t ex:

"Tänk om han/hon tycker att jag tråkig",
"Tänk om jag inte kommer på något att säga",
"Tänk om han/hon inte tycker om mig".

Knacka på alla **Aspekter** du kan komma på och behandla varje Aspekt som ett eget problem.

Fungerar det verkligen på allt och alla?

Nej, men om man följer hela Grundreceptet (sid 22), så ger EFT antingen en väsentlig lindring av eller en fullständig befrielse från problemet, för ca 80 % av användarna, oavsett hur allvarligt problemet är.

Kan man knacka för mycket?

Uttrycket "Lagom är bäst" gäller även EFT. Rekommendationen brukar vara en till tre sessioner per dag.

Med en session menas att det är *ett* problem som behandlas, oavsett hur många knackrundor som krävs och oavsett antal aspekter.

Ibland behöver man knacka för att man är mitt uppe i någon jobbig situation, till exempel att man stressar upp sig i en bilkö, eller att man har ett trotsigt barn som gör en halvt galen.

Dessa situationer är undantagna från de mer planerade "en till tre sessionerna per dag".

Om man har en extra jobbig dag så kanske man går och "småknackar" hela dagen och väljer att skjuta upp de mer planerade sessionerna till en lugnare dag.

Vad menas med "planerade sessioner"?

När man har gamla problem som man vill bli av med, t ex rädsla för att åka hiss, tandläkarskräck, svårt att passa tider etc. så kan man planera att man t ex ska ta itu med tandläkarskräcken på tisdagen och problemet med att passa tider på onsdagen o s v.

Något som grundaren Gary Craig rekommenderar och som han kallar "Personal Peace Procedure", är att man listar alla problem och jobbiga händelser som man kommer på och sen börjar man med de jobbigaste och betar av 1-3 händelser per dag.

Det kanske inte låter så mycket, men att bli fri från ett obehagligt minne eller rädsla per dag, det blir 30 på en månad och så mycket som 365 på ett år.

Det behöver alltså inte ta mer än några minuter per dag att uppnå känslomässig frihet!

Jag knackade på min huvudvärk, men fick ont i nacken i stället

Detta kallas "Chasing the pain" och är jättevanligt! Då får du knacka på värken i nacken och se vad som händer.

Kanske flyttar sig värken igen och då knackar du på det nya problemet och fortsätter så ända tills värken för-svinner, alternativt minskar till en acceptabel nivå.

Kan alla använda EFT?

Ja, i princip, undantaget om man lider av någon psykisk sjukdom (se ansvarsfriskrivningen i början av boken).

Vid sjukdomar som kräver läkarbehandling så bör man alltid kontakta sin läkare innan man börjar med någon form av alternativ behandling, detta gäller även EFT.

När man använder EFT så bör man vara medveten om att det sker förändringar i kroppen, även tankar man har kan förändras, vilket ju oftast är syftet: Vi använder ju EFT för att vi vill *uppnå* en förändring.

Ibland sker förändringarna långsamt och ibland går det riktigt fort. Man kan behöva justera medicindoser eller sluta helt med vissa mediciner, men detta måste *alltid* ske i samråd med läkare.

Använd sunt förnuft och ta alltid det säkra före det osäkra, det är du själv som ansvarar för ditt utövande av EFT och du bör kontakta din läkare om du känner minsta tveksamhet.

Jag känner att jag kört fast totalt.

Om du har prövat "allt" och det ändå inte fungerar, så kan det vara bra att kontakta någon med erfarenhet och utbildning inom energipsykologi. Ibland krävs det bara att någon ställer rätt fråga eller någon som ser saken ur ett annat perspektiv.

Men först kan du alltid pröva med:
"Fastän det känns som om jag kört fast ...".

Om EFT nu är så effektivt mot "allt", varför är det inte fler som använder det?

Vi människor har alltid varit skeptiska mot sådant som verkar "för bra för att vara sant". Kanske hade flera använt sig av EFT om det bara lindrade en enda åkomma, exempelvis spänningshuvudvärk.

Nu hjälper det "mot det mesta" och ofta när inget annat fungerar och det är smärtfritt och gratis och utan kända negativa biverkningar, det kanske inte är konstigt att vi blir misstänksamma och frågar oss: Vad är haken?

Svaret är enkelt: Det finns ingen hake, EFT *är* precis lika bra som det verkar!

Om författaren

Susanne Nilsjö arbetar som EFT-terapeut och Feng shui-konsult.

Hon är utbildad i flera olika EFT/terapimetoder såsom EFT, Faster EFT, Matrix Reimprinting och Emo Trance, samt grundutbildning i META-medicin.

Hon arbetar för det mesta i Stockholm med omnejd men erbjuder också EFT-sessioner via telefon och Skype.

Mer information hittar du på: www.eft-coachen.se

Och självklart på facebook: EFT-Coachen